Carapace Dancer

Carapace Dancer

Spanish and Didxazá (Isthmus Zapotec) poems

Natalia Toledo

TRANSLATED FROM THE SPANISH BY CLARE SULLIVAN

PHONEME
MEDIA

DEEP
VELLUM

DALLAS, TEXAS

Phoneme Media, an imprint of Deep Vellum Publishing
3000 Commerce St., Dallas, Texas 75226
deepvellum.org · @deepvellum

Deep Vellum is a 501c3 nonprofit literary arts organization founded in 2013 with the mission to bring the world into conversation through literature.

Support for this publication has been provided in part by the National Endowment for the Arts, the Texas Commission on the Arts, the City of Dallas Office of Arts and Culture, and the George and Fay Young Foundation.

LIBRARY OF CONGRESS IN PUBLICATION DATA

Names: Toledo Paz, Natalia, 1967- author. | Sullivan, Clare E., 1967- translator. | Toledo Paz, Natalia, 1967- Deche bitoope. | Toledo Paz, Natalia, 1967- Deche bitoope. English. | Toledo Paz, Natalia, 1967- Deche bitoope. Spanish.
Title: Carapace dancer : Spanish and Didxazá (Isthmus Zapotec) poems / Natalia Toledo ; translated from the Spanish by Clare Sullivan.
Description: First English edition. | Dallas, Texas : Phoneme Media ; Deep Vellum, 2025. | "Originally published as Deche bitoope / El dorso del cangrejo by Almadia Ediciones (Oaxaca, Mexico, 2016)"--Title page verso.
Identifiers: LCCN 2024042598 (print) | LCCN 2024042599 (ebook) | ISBN 9781646053551 (trade paperback) | ISBN 9781646053674 (epub)
Subjects: LCSH: Toledo Paz, Natalia, 1967---Translations into English. | Toledo Paz, Natalia, 1967---Translations into Spanish. | LCGFT: Poetry.
Classification: LCC PM4549.T65 D4313 2025 (print) | LCC PM4549.T65 (ebook) | DDC 897/.681--dc23/eng/20241107
LC record available at https://lccn.loc.gov/2024042598
LC ebook record available at https://lccn.loc.gov/2024042599

Cover art and design by Chad Felix
Cover photo by Natalia Toledo
Internal illustrations by Dr Lakra
Interior layout and typesetting by KGT

PRINTED IN UNITED STATES OF AMERICA

For those valiant Juchitecas
Ca gunaa nadxibalú xti' Xavicende
El matriarcado según San Vicente

CONTENTS

Translator's Preface

Look, there is a woman dancing on the crab's back!

Though Natalia Toledo and I have been working together on her translations for more than ten years, it was only during this project that we crossed the divide from colleagues to friends—and listening to her as a friend revealed even more depth to her poetry. She explained, for example, that "deche bitoope" means the "other side of the crab," and that as a girl her grandmother and mother always pointed out the figure of a Juchiteca woman dancing in her huipil and skirts on the crab's back. I had no idea until this conversation that the crab's shell revealed the other side of the story: "On one side is the predominant story and on the other is the women's version of some topics. *Carapace Dancer* brings up themes like the idea of being a virgin, which Zapotec women are expected to be, right? And so I put it in another context, since I'm from there and because these norms seem so violent, scary, unnecessary to me." Without her openness, I would never have seen the complexity and beauty of the title image of this book.

In addition to writing, Toledo creates, with the same passion and artistry, jewelry, textiles, and sumptuous meals. Her poems string gems of images for her readers. To date, she has written six books of bilingual poetry in Didxazá (Isthmus Zapotec) and Spanish. Since I don't know Zapotec and have spent only a limited time on the Isthmus of Tehuantepec, my translations always depend upon a greater community. This book never would have happened without the guidance of other Didxazá speakers. They worked generously with me for many years to help me understand the poems' context, patiently explaining the symbolic and practical aspects of the verses of *Deche biotoope* in the Didxazá culture. Perhaps one of the first things I learned was also the most important: this book delves more deeply into Natalia Toledo's own stories than the collections that came before. Like a crab, the poet edges carefully into the past, showing a tough exterior that protects soft and vulnerable parts.

For Toledo, however, personal stories are always part of a communal story. She revels in images of preparing food together to share on her birthday or to sell for the annual feast days. Without help, I never would have understood that the poem "Milky Way" refers not only to the alligator constellation, a figure from Zapotec cosmology, but also to the practice of selling bread and milk along the streets to collect money for Juchitán's feast days in May. The Didxazá community helped me to understand the bigger story behind the details.

At the same time as she celebrates her culture and its richness, Toledo condemns practices that confine women to traditional roles and harm them emotionally or physically. Her poem about marriage is called "Ba' tobi," literally "first tomb." In it, she portrays a bride as the center of the party who is strangely excluded from the festivities. In her previous collection *The Black Flower and Other Zapotec Poems*, published by Phoneme in 2015, she referred specifically to the custom of "rapto," when young women are kidnapped by their potential future husbands to verify their virginity before they agree to marriage.

Perhaps the most beautiful and surprising poems are those that speak of themes common to us all. Toledo always manages to create sharp and fresh images to portray human experience. In "Panic," nature quietly mirrors the loss of love. And readers can probably relate to how "Family" can cause pain like "styes in our eyes." But Toledo is never a poet to take life too seriously, poking fun at any uptight readers with the young girls' and young boys' flower poems.

Just as I have been invited into Natalia's world by way of translation, I invite readers of these English poems to participate as well. I have left quite a few terms in Nahuatl-inflected Spanish and one or two in Didxazá. When Natalia translates her poems from Didxazá to Spanish, she sometimes uses the Nahuatl terms that are common to Spanish speakers. I have chosen to keep them when they are easy to find online and express an image that wouldn't work in English. For example, a "petate" is not a cot: it's made of different materials and lies on the floor without legs. A search for the word "jicalpextles" will readily yield images of this decorative ceramic pot central to the Zapotec marriage feast. Sometimes I choose a word more for the sound than imagery. "Berelele" is a bird whose song foretells a change in weather. The name in Didxazá is "bere" (bird) and "lele" (the sound it makes). The song evokes nostalgia for the poet since change can also means loss of love. To engage with this image, the reader will have to do some detective work. A search for the Spanish "alcaraván" ("stone-curlew" in English) yields videos of the "berelele" singing his plaintive song. Toledo pays attention to the sounds of Zapotec and fights to preserve the language, including, for example, an onomatopoeia from the fifteenth century in her title poem.

Toledo's poems work not only to assuage her own personal losses but to fight against the loss of her language and culture. Indigenous languages in Mexico and around the world face the danger of extinction, while traditional ways of making a living by planting and fishing (the "boys with sticks both sweet and salty") are slipping away. If we are to fight these battles and recover our cultures, we must face our fears and join together. In "A Seer's Path" and "Carapace Dancer," she enumerates cultural practices for getting rid of sorrow or rooting out fear, for example: "I lay my belly upon the earth as it trembles." Her verses remind us that hope for the future and relief from our fears and sorrows can be found in our connection to the earth and to one another.

—Clare Sullivan

Living Dowry

We say,
"Those men are so happy,
a pole across their shoulders strung with chickens,
with their pigs and their oxen."
They walk along happily drinking coyol root punch,
and weigh down the wind with their jasmine smoke.
While they stroll to the music, a wilted flower waits in a stranger's house.
They will wrap ribbons round her head,
while she mourns her virginity on a white handkerchief.
He must leap through the ring of fire
like a tiger who devours everything.
Her parents jump for joy
because today the animals have multiplied in their farmyard,
their daughter has fattened the riches
that will be lavished upon her drunken brothers' wives.

Guendaró yaa

Ná binni laanu
"Nayeché zé' guirá xixe ca nguiiu ca,
nanda ti ludoo bere yannicabe
zineca' yuze ne bihui".
Zizaca' ziyeca' nisadxu'ni' bigaraagu'
ne cundubica' gu'xhu' guie'xhuuba' lu bi.
Laga zezacabe ne saa ti guie' caguundu' ndaani' yoo cabeza guxhiicabe lucuá,
cabeza gu'na' lu ti lari quichi' balaana' xti'.
Guichesa ndaani' ti bixooñe' guí sica ti mani' beedxe'.
Jñaa ne bixhoze cayeche' ti cadale mani' ndaani' xle'ca'
purti xiñidxaapaca' cusiroo ni guicaa xheela' ca biza'na' binnigüe'.

La dote

Dicen los del pueblo
"Qué felices van esos hombres
con una hilera de pollos sobre sus hombros,
llevan bueyes y puercos".
Caminan felices bebiendo raíz de coyol
e impregnan de humo el jazmín del viento.
Mientras caminan con la música, una flor marchita espera en casa ajena,
aguarda a que le ciñan la cabeza
para poder llorar su virginidad sobre un pañuelo blanco.
Brincar el anillo de fuego
como un tigre para devorar la función.
Sus padres saltan de alegría
porque hoy en su corral los animales se han multiplicado,
su hija ha engordado los bienes
que le serán dados a las esposas de sus hermanos ebrios.

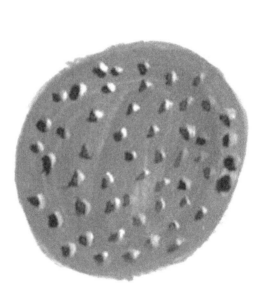

First Resting Place

You sleep covered in red tulips,
your body numbed by honor.
A flower pried by a pinky,
a fresh aroma baptized at nightfall,
rabbit drinks milk from the colorless moon,
cornfields dance with the wind at your house.
They dance with your husband when the music begins.
Wrapped in your coverlet you wait for the festivities to end:
tender times cannot last.
A hope expires deep in your heart,
you'll never go back to playing with dolls,
never run the streets in starched bloomers
on a hot day.

Ba' tobi

Nexhu' daapu' biruba xiñá',
guidila'du' nusiaasi' balaana' laa.
Nacu' ti guie' biele' gasi ne ti bicuini ná',
ti xho' cubi cayuu ndaaya' ra birá gueela'.
Lexu cayé' niidxi xti' beeu naya'ni' dxindxi.
Guirá niza cuyaa ne bi xti' yoo li'dxu'.
Zedanda saa ne zuyaacabe ne xheelu',
rendu' ti larigueela' ne ca i'cu' pora guiluxe saa:
guirá' ni nari'ni' nagueenda rirá.
Napu' ndaani' ladxidó'lo' ti guendaracaladxi' caluxe,
ma qui zagui'tu' buñega' ne ca biza'nu'
ne ma qui zaculu' lari ndase bichonga ne dé quichi'
dxi gaca' nandá'lu'.

Tumba primera

Duermes cubierta en tulipanes rojos,
al cuerpo lo anestesia el honor.
Eres una flor recién abierta con un meñique,
un aroma nuevo se bautiza terminando la noche,
el conejo bebe la leche de una luna transparente,
la milpa baila con el viento de tu casa.
Llegará la música y bailarán con tu esposo,
desde tu envoltura quieres que dé fin la fiesta:
toda virginidad es efímera.
En medio del corazón tienes un deseo que expira,
jamás volverás a jugar con muñecas
y jamás caminarás las calles en calzones almidonados
cuando tengas calor.

Gift of Happiness

Trunk	My grandmother's womb
Sheet	They twirl me and I keep quiet
Towel	Serpent upon the wind's head
Presents	Alms on the petate
Gazebo	Muxe handiwork
Platform	Prostrate bride
Jícara dance	Fragments on the floor
Wedding gown	Kitten fur

Guendanayeche'

Guiña	Ndaani' jñaabida'
Larigueela'	Ra riree xieque ne ra rigani
Lari nisa	Beenda' galaa ique bi
Xindxaa	Gunna nexhe' lu daa
Luuna' bandaga	Ná' ca muxe'
Bicuugu' saa	Badudxaapa' zubadxí
Mediu xiga	Bisi'ña' reeche layú
Xhaba badudxaapa' cubi	Beelaxiaa

La Felicidad

Baúl	Vientre de mi abuela
Sábana	Embestida y silencio
Toalla	Serpiente en la cabeza del viento
Regalos	Dádiva sobre el petate
Enramada	La mano de los muxes
Estrado	Novia postrada
Son de cooperación	Tepalcate sobre el suelo
Vestido de novia	Carne de plumas

Birthday

We are the wind's soft portrait.
His mouth wrinkles our waters,
the palette knife glides by,
but we aren't a broken surface.
When the sea dried my tears,
salt mounded in my pupils.

I have a basket full of fresh basil
and tulips to give away on my birthday.
I will emerge, my tray overflowing with honeyed smiles smelling of camphor.
I know all about being an orphan,
but I have a tent where I delight
anyone who dares to loosen my underskirts.

Laníbidó'

Nacanu ti bandá' naduubi' xti' bi,
ruaa bi richeza lu xnisanu
rutiidi' xquibaxubi ladinu,
huaxa cadi nacanu ti daa reza.
Dxi nisadó' gue' ca nisa biina'
gule ti dani zidi galahui' guielua'.

Napa' ti dxumi guiidxi guie' stiá gan'da'
ne biruba xiñá' quiize' dxi lanixpidua'ya'.
Zareenia' ti xigagueta zuchaya' ndaani'
guendaruxidxi naxhi ne ca xindxaa candá' nisadxu'ni alcanfor.
Naa nanna' xinga guenda bizabi,
xisi napa' ti lari ro' raca yoo
ra rusieche' ca ni nadxibalú ruxhague' doo xpisuude'.

Cumpleaños

Somos un dibujo terso del viento,
su boca estría nuestras aguas,
la espátula pasa,
pero no somos una superficie rota.
Cuando el mar evaporó mis lágrimas,
una salina nació en el centro de mis ojos.

Tengo una canasta llena de albahaca fresca
y tulipanes para regalar el día de mi cumpleaños,
saldré con mi charola colmada de sonrisas melosas y dádivas alcanforadas.
Yo sé de orfandades,
pero tengo una carpa en donde hago feliz
a quien se atreve a descorrer la cinta de mi enagua.

A Seer's Path

How many times did I poke my head into the heart of a basket
so that no one would forget me?
I ate warped tortillas in my hiding place
so I'd marry an old man.
I played with the dog's tail and became a liar.
Beneath our household altar I ate a brittle turtle egg
that dried out my lips.
A buzzard cast a spell on my slingshot when I lost myself in the dance of his
    flight.
It rained at all my weddings because I licked the cookpot clean too soon.
I crossed two knives over my eyes
to slice up shame's gaze.
How could you ever draw near if every night
I hung a string of garlic in my bedroom
and in my window a salt-caked shirt
from my uncle who left mermaids pregnant.

Xneza ni ruuya'do'

Ana panda bieque guluaa' ique' ndaani' ruba
ti cadi gusiaandacabe naa ya'.
Naga'chi' ritahua' gueta naxubi ruaa
ti guichagana'ya' nguiiu yooxho'.
Gudxite' xubaana' bi'cu' ne biziide' gusiguiee'.
Xa'na' mexa' bidó' ritahua' dxita bigu bidxi
de ra bicuiidxe' guidiruaa'.
So'pe' bicaa xiguidxa' tiniyaala xtinne' ne binite' lade saa xhiaame.
Guirá xquendaxheela' biaba nisaguié
runi bindiee' ndaani' guisu guendaró.
Bichuugua' guielua' ne ti gudxíu ne bixuxhe' lu xtuí.
Paraa chi guidxiñu' naa ya' pa guirá gueela'
rugaanda' ti lu doo aju ra guse' ne ti gamixa' dxa' zidi,
xti' xa xtiua'ya', bisiaca xiiñi' ca gunaa benda.

El camino del vidente

Cuántas veces metí la cabeza en el corazón del tenate
para que no me olvidaran.
A escondidas comí tortillas de boca torcida
para casarme con hombre viejo.
Jugué la cola del perro y me hice mentirosa.
Bajo la mesa de los santos comí huevo de tortuga seco
y deshidraté mis labios.
El zopilote hechizó mi resortera porque me perdí en la danza de su vuelo.
En todas mis bodas llovió porque lamí con antelación el sartén de la comida.
Corté mis ojos en un envite de cuchillos
para rebanar el ojo de la vergüenza.
Cómo te ibas a acercar a mí si todas las noches
colgué un mecate de ajos en mi dormitorio
y en mi ventana una camisa llena de sal,
de mi tío, que embarazaba sirenas.

Alligator Home

I live with him,
his sex has grooves dry as clay.
I submerge my damp tongue,
he twists and turns, biting all the while.
I embrace him with my pincers,
we prefer the mud.
At daybreak a flower blossoms on my neck.
Scabs cover his back.
Beneath the night's colander I stroke his wounded back,
he whacks his tail to plunge us into
our game foreboding pain.

Lidxi be'ñe'

Nabezaniá' laame,
napame lade xco'reme ruuchi dxa' beñe bidxi.
Ruchaaze' ludxe' nagupa,
ribi'xhime, royaame naa guidubi dxi,
ruguaa' xuanga laame,
riuula'dxidu beñe.
Ra guirá gueela' napa' ti guie' ruaa yanne'
laame napame jmá biquiixhu galaa decheme.
Xa'na' bidxadxa gueela' rigui'ba' galadecheme ra ma biziaa,
rudiime ti rieenque ne xubaaname ne riaa'zidu ndaani' nisa
ti guzulú guendariguite xtidu neca nannadu ne ni yuuba'.

Lagartera

Vivo con él,
tiene el sexo con hendiduras de barro seco.
Sumerjo mi lengua húmeda,
se retuerce, me muerde todo el tiempo,
lo abrazo con mis tenazas,
nos gusta el fango.
Al amanecer yo tengo una flor en la boca de mi cuello,
él tiene costras en la espalda.
Bajo la pichancha de la noche paseo sobre su lomo herido,
gira con su cola para zambullirnos
en nuestro juego de dolor premonitorio.

YOUR WINGS KNOW HOW MUCH I MISSED HIM, BERELELE,
you read my heart's hand like a fortune teller.
For days I slept beneath a shadow that covered my eyes,
until a boy appeared and took up my heart sickness in his arms
and made me his own on the night's last star.

BERELELE XHIAALU' NANNA PABIÁ' BIBANA' LAABE,
lii nacu' gunaa xi' lari ique biinda' bataná' ladxidua'.
Xadxí guse' xa'na' ti bandá' bichii guielua',
de ra bedandá ti badunguiiu gudiidxi xilase xtinne'
ne bi'ni' xti' naa ra zidaagu' lu xa beleguí ziyati ne gueela'.

ALCARAVÁN, TUS ALAS SABEN CUÁNTO LO EXTRAÑÉ,
fuiste la gitana que leyó la mano de mi corazón.
Durante mucho tiempo dormí bajo una sombra que me cubrió los ojos,
hasta que llegó el muchacho que abrazó mi tristeza
y me hizo suya con aquella última estrella que despedía la noche.

Young Girls' Flower 1

Like a fish's navel
a clay stove with its fire,
chocolate flower.
Pluck the fibers from your heart,
stretch them on the night's loom
and let them weave
a huipil of your desire.

Guie' xti' ca badudxaapa' huiini' 1

Ruluí'ni xquipi' benda,
zuquii ne xpele,
guie' dxuladi.
Gulee ca doo za ladxidó'lo'
ne bicaa ni lu dxiba xti' gueela'
ne bidii quibacani
bidaani' xti' guendaracala'dxi' xtiu'.

La flor de las niñas 1

Parece un ombligo de pescado,
un horno de barro y su lumbre,
flor de chocolate.
Saca las hebras de tu corazón,
móntalas sobre el telar de la noche
y déjalas tejer
el huipil de tus deseos.

Young Girls' Flower 2

Tiny hollow,
great big hollow,
where is our sweetest hole?
The body answers:
beneath the navel.

Guie' xti' ca badudxaapa' huiini' 2

Guiiru' huiini',
guiiru' ro',
¿paraa napanu
guiiru' jmá nanixe?
Beelaladi ricabi:
xa'na' xquipinu.

La flor de las niñas 2

Agujero chico,
agujero grande,
¿en dónde tenemos el hoyo más rico?
El cuerpo responde:
bajo el ombligo.

Young Boys' Flower

To boys with sticks both sweet and salty

A reed is a stick that rises to the sky
to break piñatas full of sweets,
a turtle's head sowing seeds in the earth's soil.
A willy is a waterlily that spawns upon the surface,
returns to its roots through a stem and flowers for a day.
But most of all a party horn in desire's mouth.

Guie' xti' ca ba'du'

Ni guicaa ca ba'du' nanaxhi xquie
ne cani naxí xquie

Ti xquie nga ti nite ziyasa guibá'
ti guindaa guisu xti' ca dxiñahuiini',
ti ique bigu rusaba biidxi' ndaani' guidxilayú.
Ti xquie nga ti mudubina rale lugiá' nisa,
ra nuu xcu neza yagañee ne ribee lú ti dxi.
Nacani ti gui'chi' rigapi ne rundaa bi ruaa guendaracala'dxi'.

La flor de los niños

A los niños de pito dulce y pito salado

Un pito es una caña que se eleva en el cielo
para romper la piñata de los dulces,
una cabeza de tortuga que siembra semillas en el suelo del mundo.
Es el pito un nenúfar que se preña sobre el agua,
retorna a su raíz por el tallo y florece un día.
Es sobre todo un espantasuegras en la boca del deseo.

Visitor

He appeared beneath the black flower
and pricked the moon's navel.
You cry like a turtle each time she lays her eggs:
she knows she'll never see her children again.
You curl up on the woven paths of your petate,
ants pinch your body.
Before the wind bends your back,
stretch out a hammock of stars and
release the threads that tangle you.

Biuuza'

Bedandani xa'na' guie' yaase'.
Cayudu xquipi' beeu.
Ruunalu' sica ti bigu ora caxana:
nanna qui ziuu dxi guibigueta' gu'ya' ca xiiñi'.
Rirendalu' lade ca neza xtaalu',
birí riguiru ladilu'.
Ante guzeechu' bi dechelu',
bichiaa ti guixhe beleguí
ne bindaa guirá doo nuchenda lii.

El huésped

Llegó bajo la flor de aceituna.
A la luna le punza el ombligo.
Lloras como la tortuga en cada pedacería:
sabe que jamás volverá a ver a sus hijos.
Te enrollas en las grecas de tu petate,
las hormigas pellizcan tu cuerpo.
Antes de que el viento te doble la espalda,
extiende una hamaca de estrellas
y suelta los hilos que te enredan.

Panic

Mantis, mantis, I want to know,
which way did my lover go?

I know the stars' breath I loved you with is finished.
I also know your music lulled my heart but now has hushed.
Today a dragonfly skims the river with its petticoats,
a butterfly opens wide its wings to cross the water.
Silence swallowed the sky that bore your name.

Dxiibi

Daaya daaya gudxi naa
xı neza gunaaze' xheela'.

Naa nanna' birá bi xti' ca beleguí gunaxhieenia' lii.
Zaqueca nanna' saa bisiasaineu' ladxiduá'ya' ma bigani.
Yanna ti sumpirunisa rixubi suudi lu guiigu'
ne ti biguidi' ruxhale' ndaga xhiaa ne rididi laaga'ni.
Guendarigani bizegu' guibá' gupa lálu'.

Pánico

Mantis mantis dime por
dónde se fue mi esposo.

Yo sé que el aliento de las estrellas con que te amé se terminó.
Sé también que la música con que dormías mi corazón ha callado.
Ahora una libélula roza con su enagua el río
y una mariposa abre de par en par sus alas y lo cruza.
El silencio hizo que el cielo que tenía tu nombre se cerrara.

Stone Shower

Look at the arch of cempasúchil
crossing the sky of my huipil.
Water runs beneath my feet
and a firefly burns her light in the space between my ribs.
In my hands I clutch a scorpion tattooed with the date of my birth,
a ship floats through my eyes,
and beneath a golden almond tree I embrace a lifeless deer.

Nisaguié

Ruyadxiee' guie' biguá didilaaga' guibá' xpidaane'.
Cuxooñe' nisaguié xa ñee'
ne ti bacuuzaguí cuzaaqui' bidaani' dxita biní xcuxtia'ya'.
Ndaani' naya' naaze' dxiiche' ti ngolaxiñe dié' ne iza laní xtine'.
Ti balaaga' rizá ndaani' guielua'
ne xa'na' ti yaga biziaaxtiá guiidxe' ti bidxiña ma guti.

Lluvia de piedras

Mirar el arco de cempasúchil
que atraviesa el cielo de mi huipil.
La lluvia escurre bajo mis pies
y una luciérnaga quema su luz en los gajos de mis costillas.
Tengo en mis manos un escorpión tatuado con la fecha de mi nacimiento,
una balsa camina en mis ojos
y bajo un almendro dorado abrazo a un ciervo muerto.

Nimble-Footed Death

The scent of sweet wind left my house.
The sun's fingers have broken
and sludge lines the clay oven.
Fire no longer bites the palm of my hand.
Forgetfulness has a rusty mouth while
the shadow of their love fades from my loved ones' eyes.
I will mount a dog to row across the living sea,
exchange coins for prayers with men
who take us where the world is tender.
I will carry a clay vessel at my hip,
cover my hair with chintul powder
and sit upon a stone to yearn for
all that I forgot to love.

Guendaguti ñee sisi

Birá xinaxhi bi ndaani' lidxe'.
Ma guche bicuini ná' gubidxa
riaana ti zuquii dxá' tipa bandui',
ma qui royaa xpele la'dxi' batanaya'.
Cá tini ruaa guendarusiaanda'.
Ndaani' guielú ca xpinne' zaxiá bandá' gunaxhiinecabe naa.
Zabie' galaa deche ti bi'cu' ti guti'di' naa ndaani' nisadó'bani,
zudiee' nabiuxe ca nguiiu ruquixe ra nari'ni´ guidxilayú,
Zucaa' ti'xhe' ti rii,
racá zaguaa' bigú sapandú guidubi guichaíque'
zabie´ lu ti guie ne zabana'
guirá' ni qui ñanda ñanaxhiee' rarí.

La muerte pies ligeros

El aroma del viento dulce cesó en mi casa.
Quebrados los dedos del sol
sólo queda un horno de barro lleno de lama,
su fuego ya no muerde la palma de mi mano.
La boca del olvido está oxidada.
En los ojos de los míos se borrará la sombra
con la que me amaron.
Sobre la espalda de un perro me sentaré para remar en el mar vivo,
daré monedas para el responso a los hombres
que cobran para entrar en donde es tierno el mundo.
Un cántaro llevaré a mi cadera,
llenaré de polvo de chintul mis cabellos
y sobre una piedra me sentaré a extrañar
todo lo que aquí no pude amar.

Going Home

In the fishermen's alley
a woman builds coffins.
The carpenter carves a floating craft,
along its edges she sticks paper strips faded by the sun.
At last all dreams recede.

Fate has tossed its petals
in the wind's house.
Music buries thorns in my chest.
Birth cords are planted at each house,
make their rounds and come back home: tomb.

A crow sings on the table,
no more crumbs,
a reed flute softens pebbles,
dragging them so, so slowly as they cry.

Ribigueta'

Ndaani' xneza benda
ti gunaa ruzá' guiñague'tu'.
Cagaañe guidiladi yaga chisa' lu nisa,
cue'ni ruquiidi' gui'chi' bisité gubidxa.
Ma birá biluxe guendariní'xcaanda'.

Ra lidxi bi
yuuba' ma bisaba xhabaladi,
ti saa rutaabi ti yaga guichi
ndaani' ladxiduá'ya'.
Ca xquipi' rizá xa'na' yú
ne ribigueta ra lidxi: yooba'.

Ti bigose cayuunda' lu mexa',
ca bigú gu'ta' luni birá,
caxidxi pitu nisiaaba'
ma bicuudxi guirá guie
ne rixubiyúcani chaahui' chaahui' laga ziyuuna'cani.

Retorno

En el callejón del pez
una mujer construye ataúdes.
La carpintera talla la balsa flotante,
a la orilla pega flecos de papel que despintó el sol.
Por fin los sueños cesan.

En la casa del viento
el aciago ha tirado sus pétalos,
la música entierra espinas en mi pecho.
Los ombligos que se siembran en las casas
han hecho su recorrido y han vuelto a su casa: tumba.

Un zanate canta sobre la mesa,
las migajas ya no existen,
la flauta de carrizo suaviza las piedras
y las arrastra lento lento mientras lloran.

Foolish Pain

It is true that my skin wanted you:
I closed my eyes to see the stars beneath the sky but saw no light in you.
You entered my house, a seedless flower,
an insect dragged along the bottom of the world.
You bore the tattoo of sickliness.
Your tattered hammock grew from my hands
and enclosed my heart.
Now where have you gone?
Upon what joy might you be weaving an arpeggio of pain?

Yuuba' huati

Dxandí' gunaxhii guidilade' lii:
biseegua' lua' ti ñanda ñuuya' guirá xpele guibá'
xisi qui ñuu dxi ñuuya' biaani' ne lii.
Biuulu' ndaani' lidxe' maca nacu' ti guie' ma biruuxe
sica ti manichuga rizá xa'na' guidxilayú.
Bedasaanu' xtuuba' guendahuará.
Ndaani' naya' bizou' ti guixhe yuxe
ne biseguyoolo' ladxiduá'.
Yanna, ¿guná' lii?,
¿Xi lu xti' guendanayeche' caguibaneu' saa doo yuuba' xtiu'?

Dolor tonto

Es verdad que mi piel te quiso:
cerré los ojos para poder mirar bajo el cielo las estrellas
pero no pude ver ninguna luz contigo.
Entraste a mi casa, eras ya una flor desgranada
como un insecto que se arrastra bajo el suelo del mundo.
Trajiste el tatuaje de lo enfermo.
En mis manos creciste una hamaca derruida
y encerraste mi corazón.
Ahora, ¿en dónde estás?,
¿en qué otra alegría estarás tejiendo con el arpeggio de tu dolor?

Tree Bark

Zapotec, your broken vowels
always can postpone my pain.

The guanacaste silenced
its rattles and my shadow lives dying beneath a blue-green cloud.
I curled up with the mossy vine of my root
and strangled everything that sang there.
As they gather cornmeal at the mill,
so I pile up the kernels of my splintered solitude.
I am a charcoal crow,
I live off severed bark,
no longer sowing with my mouth
the songs I used to squawk,
water elegies in the palm of my hand:
the sadness of a toothless girl.
Weary from mounding nostalgia beneath my wings,
I will bury myself at the shore of the river of pummeled hounds.
There I will thresh every scab that withered me
with a corncob.

Bandadi'

Ca ridxi nalaa xti' didxazá
nabé bicueeza yuuba' xtinne'.

Bigani riuunda' xti' bezayaga
ca xhigani ne bandá' xtinne' zibani ziyati nabeza xa'na' ti za nayaa.
Birenda' lubá' banduí' gulenia'
ne bitexhie'ya' guirá ni beeda gunda rarí.
Sica ridopa xuba' ora guindaacabe laa,
zacaca rutopalua' guendaxtubi nalaa xtinne'.
Naca' ti bigose buubu
ro bandadi' yaga,
ruaa' ma qui rusaba biní.
Guirá saa biinda' runanisa ndaani' batanaya',
xilase naca ti badudxaapa' biaba laya.
Ma bidxaga' gutopalua' guendanaguundu' xa'na' xhiaa',
zigucaache' naa ruaa guiigu' bi'cu' ni biaaxha guidiladi.
Zaxuuba' ne ti yaana'
guirá biquiixhu bisiuchi' naa.

Corteza

Con el zapoteco, las vocales quebradas
siempre pospusieron mi dolor.

Silenció el guanacaste
sus sonajas y mi sombra viven muriendo bajo una nube glauca.
Me enrollé con el bejuco lamoso de mi raíz
y asfixié todo lo que allí cantaba.
Como recogen la masa en el molino,
así recojo el maíz de mi soledad resquebrajada.
Soy un zanate carbonero,
vivo de la corteza desprendida,
ya no siembro con la boca.
Las canciones que graznaba,
elegías de agua en la palma de mi mano:
la tristeza es una joven desdentada.
Cansada de acumular nostalgias bajo las alas,
iré a enterrarme a la orilla del río de los perros desollados.
Ahí desgranaré con un olote
todas las costras que me marchitaron.

THE WAITING KNIFE,
nailed to the air,
has scattered the shadows from my forehead.
Love withered as a wretched plot of tulips.
I cross the desert lightly, on my own.
I said farewell to tears and counted stars.
As the palm trees bend so beautifully
I marvel in solitude.

TI GUDXÍU CABEZA,
daabi lu bi
ma bicheecheni ca bandá' rí' lucua'ya'.
Guendaranaxhii, naca ti xilase layú zuhuaa lu biruba gui'ña'.
Ridide' laaga' lu yu dachi ziguxidxe', stube' ziaa'.
Gunié': ma birá biluxe guendaruuna' ne ca' ru' cuezadxie' gugaba' beleguí.
Neca guyaa ca yaga ziña sicarú
nuu xiixa lá guendaridxagayaa, xiixa nandxó', ora miaati' riuu stubi.

ESTE CUCHILLO EN ESPERA,
clavado en el aire,
ha despejado las sombras de mi frente.
El amor, lamentable parcela de tulipanes marchitos.
Atravieso el desierto jocosa, sin compañía.
Dije: No más lágrimas, y no he parado de contar estrellas.
A pesar de la danza hermosísima de las palmeras
existe el milagro de estar sola.

Carapace Dancer

Deche bitoope

El dorso del cangrejo

Don't forget the serpent vine
curled around your infant heel.

Can I tell you something?
All that's left of that innocent creature who caressed
a deer beneath the almond tree's purple light
is a scorpion that bites her veins.
Trapped in brackish water,
prints stamped onto her clothing.
When I was a girl
I loved to walk in the mud.
My mother roasted chilies, slipped them between my toes
to heal my wounds.
In those days no one measured me
because my people spoke with clouds.
I'll tell you one thing more:
I loved you, how you didn't settle for my image
in the well but went to my birth-cord home.
You understood why I changed, became someone else.
You knew me as I was, that amidst so many brambles there was joy.
You said:
Tell me what lullabies sang you to sleep.
Yes, I said:
There are serpent words curled upon my back,
but I no longer speak with anyone,
I stopped speaking the language of the silent,
I have revealed my sign,
I have erased my face.
My portrait speaks with all the dead,
the wind has winnowed my seeds.
When my root went crack
I never looked back.

Cadi chigusiaandu' lubá' naca beenda'
yanniñee ca dxi gucu' ba'du'.

Zabe' lii xiixa lá?
Xa badudxaaapa' huiini' guxubiná' ti bidxiña
xa'na' bacaanda' xiñá' rini xti' yaga biidxi que
napa ti ngolaxiñe cayoyaa neza rini cuxooñe' ladi.
Ti duuba' naazi' ndaani' xhaba
nutaaguna' nisa zidi laa.
Dxi guca' ba'du' nabé guyuuladxe' saya' ndaani' beñe
jñaa' ruquii guiiña' ruguu lade bicuini ñee'
ti gusianda ra gucheza beñe,
nga nga ca dxi guiruti' qui nuguu bia' naa
ti binni xquidxe' tobisi diidxa' guní' ne ca za.
Zabe' lii sti diidxa' lá?
gunaxhiee' lii purti qui ninalú' ñananeu' bandá'
biluí' bizé xtinne' lii
ne guyelu' ndaani' yoo ra ga'chi' xquipe'
bie'nu' xiñee bichaa', xiñee guca' xtobi
binibia'lu' tu naa ne laaca gunnu' zanda chuu' guendanayeche' ra naxhii.
na lu': gudxi naa xi saa bisiaasinecabe lii
ya, gunié':
Nuu jmá diidxa' naca beenda'
galaa deche' caní' huaahua',
ma giruti rinié niá',
ma bisiaanda' diidxa' guní' ca ni qui ñapa diidxa',
ma bilue' tu naa,
ma bixhiaya' lua'.
Bandá' xtinne' riní' ne guirá ni ma guti
bi bixhele' ca xpiidxe'.
Ne dxi biluuza xcu bizuhuaanecabe naa
nisi guzaya' ne ma qui ñuu dxi nudxigueta' lua'.

76

No olvides el bejuco de serpientes
en el tobillo de tu infancia.

Te digo una cosa:
de aquella inocente que acariciaba el venado
bajo la púrpura del almendro
sólo queda un escorpión que atenta contra sus venas.
Una huella hundida en su propia ropa
cubierta de agua salobre.
Cuando era niña
me gustaba caminar en el lodo,
mi madre metía entre los dedos de mis pies chiles asados
para cicatrizar las heridas.
En ese entonces era eterna
porque mi linaje hablaba con las nubes.
Te digo una cosa más:
te quise porque no te conformaste con la imagen
que te ofrecía mi pozo y en la casa de mi ombligo
entendiste por qué tuve necesidad de ser otra.
Saber quién era y cómo entre tanta maleza también hubo felicidad.
Dijiste:
Dime de qué canciones está hecha tu cuna.
Sí, dije:
Hay una babel enroscada sobre mi espalda,
pero ya no hablo con nadie,
dejé de hablar la lengua de los silentes,
he revelado mi signo,
ya no tengo rostro.
Mi retrato es un soliloquio con todo lo que dejó de tener vida,
el viento desarticuló mis semillas.
Cuando mi raíz hizo crac
me fui caminando sin volver la vista.

Prayer

For my grandmother's wheelchair,
for my friend Candida's green mangoes.
For houses made of brick,
their damp vermillion.
For the gray slats of my cradle,
for spiny cacti
growing on the walls.
For the jicalpextles my mother
got from other people's weddings.
For those days when the sun burnished my hair
and my smile was the blinding bright of a salt crust.
For the photos hanging on the wall
that floated to our altar for the dead.
For the petate and its map of urine stains,
for the twisted trees upon the rippled water.
For all I made into a life.
I sing.

Riuunda' ndaaya'

Runi bangurizá ra gurí jñaabiida'
ne cuananaxhi bitoo xhamiga' Cándida,
runi guirá yoo dexa
ne gudxa basoo xiiña' guya' ne ca'.
Runi lindaa naté gúca' xluuna'
ne luba' guiichi bigaa cue' lidxe'.
Runi ca xigagueta bitopalú jñaa'
ndaani' ca guendaxheela' ra gadxé tu cachaganá'.
Runi ca dxi bisiguchi gubidxa guichaíque'
ne ora guxidxe' ruchundua' lú biquiixhu nexhe' lu zidi yaachi.
Runi ca bandabiaani' gui'di' cue' yoo
ne ora biladica' biraca' gueela' lu mexa' bidó'.
Runi daa bizee nisaxquixhi',
runi ca yaga ca bieque ndaani' lu nisa naca bixigui'.
Runi guirá ni bizaya' ti ganda guibane'.
Naa ruunda'.

Oración

Por la silla de ruedas de mi abuela,
por los mangos verdes de mi amiga Cándida.
Por las casas de ladrillos
y su húmedo bermellón.
Por los pretiles grises de mi cuna,
por los órganos de espinas
creciendo en las paredes.
Por los jicalpextles que acumuló
mi madre en las bodas ajenas.
Por esos días en que el sol bronceaba mis cabellos
y mi sonrisa era el brillo cegador de una costra salina.
Por las fotografías pegadas sobre el pliego de cartoncillo
y su viaje repentino al altar de los muertos.
Por el petate y su cartografía de orines,
por los árboles torcidos sobre el estriado del agua.
Por todo lo que inventé para tener una vida.
Yo canto.

Valle de Bravo Convent 1

For Mother Nina

Here I sit,
like the crying fountain in my town,
filled with dry leaves and grackle droppings.
Lace headdress, my finest huipil,
church full of whispers and shouts,
blood-stained wood with mayflowers.
Here I sit:
tunnel passageway,
from my stone cell to the gushing spring,
bower in darkness.
A black dog stops before me,
I clamber up, pull on his tail, he barks and runs away.
Bells beckon to eat the body of christ,
tonsured women,
kneeling and pale.
They keep mad girls here, and sick ones.
I am eleven and I live with my thirteen sisters.
Music, games, sweets, and prayers by rote.
In the name of the father,
of all those fathers who pushed us aside.

Lidxi yu'du' Valle de Bravo 1

Ni guicaa jñaadu Nina

Zubá' rarí', sica bidani ruuna' nisa ndaani' xquidxe',
dxa' bandaga bidxi ne xqui' bigose ndaani'.
Bidaani' guchiyaa nexhe' doo yanni, ne ti yu'du' diidxa'za'bi' ne ridxi xti',
yaga ne' rini lu guie'.
Zuba' rarí':
riaa' ra cadá nisa ra bidaguayuaa',
ti neza lase', daapa yaga bandaga.
Ti bi'cu' yaase' ruzuhuaa lua', ricaya' decheme, rixube' naa de ra riduxhume,
   ne rilame.
Guiiba' yu'du' ribidxi laadu chido'do' ladi diuxi
ca gunaa ique piiru',
zuxibica' ne naté lúca'.
Rarí' riapa' ca badudxaapa' raca ique ne huará.
Napa' chii nuu tobi iza ne chii nuu chonna benda' ni nabeza nia'.
Saa, dxiñahuiini', xquite ba'du', ca rietenala'dxi' ndaaya'.
Guenda ruzee lú bixhozedó',
de guirá' bixhoze nabé' la'dxido' gulee laadu cue'.

Convento de Valle de Bravo 1

A la madre Nina

Estoy aquí sentada,
como la fuente que llora en mi pueblo,
llena de hojas secas y caca de zanate.
Huipil de blonda con rombos en el cuello,
iglesia de rumores y alaridos,
cruz ensangrentada en flores de mayo.
Estoy aquí sentada:
voy al manantial del convento,
pasillo de túnel,
enramada oscura.
Un perro negro se para enfrente,
me trepo, lo tallo, ladra y se escapa.
Campanadas para comer el cuerpo del señor,
mujeres pelonas,
arrodilladas y pálidas.
Internado de niñas locas y niñas enfermas.
Tengo once años y trece hermanas.
La música, los dulces, los juegos y los rezos de memoria.
En el nombre del padre,
de todos los padres que nos apartaron por humanos.

Valle de Bravo Convent 2

For the Camille Claudel I imagine

Thick walls of humid brick: weeping red.
Cold nights and browning apples,
like the bell that ding dongs in Valle de Bravo church
and the one that chimes in my heart's mouth.
The nuns and their frozen garments are the metal bucket
I used to wash the stairs of the house that held me fast.
What is a year of fruitless prayers, of frozen cheeks?
If there are sour oranges, if you eat the Body of Christ on Sundays,
if I have a garden of loquat to tend.
I'm cold and my new family and I
speak the language of loneliness.
It's an ay, they told me from the very first day and I said:
Iay antway emthey otay ovelay emay.
Odgay ifay ouyay earhay emay ivegay emay engthstray.

Lidxi yu'du' Valle de Bravo 2

Ni guicaa Camil Claudel ti rixui' lua' laa

Basoo bata napa gudxa: riete nisalú naxiñá'
ti gueela' nanda ne ti buí'xtiá tini
sica guiiba' cuam rixidxi ique yu'du' xti Valle de Bravo
ne ni rixidxi lu yolo biga' ladxiduá'.
Ca xiiñidxaapa' yu'du' ne ca xhaba nandaca' nacaca'
sica dxumisu guiiba' ni gudiibenia' ca ndapi' xti' yoo bitaguyoo naa.
Xi nga ti iza ndaaya' huati, ca xhaga nanda
pa nuu ca lanna nai', pa rido'do' ladi bidó' ca dxi laní,
pa rapa' ti le' biadxi duubi.
Cayaca' nanda' ne ca binnilidxe' cubi di' rinidu
diidxa' xti' binni bisiaandacabe laa.
Guní'cabe rarí' riní'nedu diidxa' ne g naa bicabe' laacabe:
naagada racagada la'gadadx'eguede ganagaxhiiguidi cagadabeguede naagada
diuguduxiguidi pagada nagadxiiguidilu'gudu naagada dagadanéguede stiguidi
pagada naagada.

Convento de Valle de Bravo 2

A Camille Claudel, pues imagino

Paredes anchas de húmedo ladrillo: se llora rojo.
La noche fría y la manzana oxidada,
así la campana que tañe en la iglesia de Valle de Bravo
y la que tañe en mi músculo izquierdo.
Las monjas y su indumentaria helada son la cubeta de metal
con que limpié las escaleras del internado.
¿Qué es un año de rezos inútiles, de mejillas congeladas?
Si existen las naranjas agrias, si se come el cuerpo del Señor los domingos,
si tengo un jardín de nísperos que cuidar.
Tengo frío y con mi nueva familia
hablamos el idioma del abandono.
Es la g, me dijeron desde el primer día y les contesté:
yogodo quieguederogodo queguede meguede quieguederagadan.
Diogodos siguidi meguede eguedescuguduchagadas dagadameguede
fueguederzagada.

Who Are We and What Is Our Name

For Víctor de la Cruz

Saying yes. What is that yes about?
I stretch out my underskirt and scatter the flowers
embroidered on my clothing up to my collar,
up to the tomb of my neck.
There are afternoons when I say yes
and no one in all the universe responds,
as at this moment when I wait
for happiness to encircle pain in her arms
and toss it all the way to hell.

Since I left the land of flowers
I've never again found a sun to warm me.
Who am I, if I no longer wrap myself in underskirts and huipiles?
In this house no one knows my childhood tongue.
Why do we let foreign blades sweep away our story
and why do we think others know better?
It gives me chills, watching people pass by, and a stone mirror
sends its brightness into my eyes
and turns the deep bowl of my smile to a shard.
When I was big and strong
I was sister to the sun.

Tu laanu tu lanu

Ni guicaa Víctor de la Cruz

Guinié' gabe' ya. Xi nga ya xtinne' ya'.
Ruchiaa' xpizuude' ne rucheeche' guirá guie'
gudibanécabe xhaba' de ra ba yanne' de ra ba' yanne'.
Nuu huadxí rinié' ya
ne guiruti' rucabi ndaani' guidxilayú,
sica nagasi zubabeza' tidi guendanayeche' gueeda caa naa
guzaa xuanga yuuba' di' ne chisa'bi'ni galaa bató' gabiá.

Dxi naa biree' Guidxiguie'
ma qui ñuuru' gubidxa nuchaa naa.
Tu naa, pa ma qui ribaque' piá' bizuudi' ne bidaani'
ndaani' yoo di' guiruti' runibiá' didxadó' guleniá'.
Xiñee bisaananu binduuba' ca guiiba'bi dxu'ca xtiidxanu
ne xi ñee guyuula'dxinu ni gulí gadxé.
Naaze nanda naa
ruuya' cadi'di' binni lu ti guiehuana'
ni rundaa xtuxhu ndaani' guielua'
ne runi bisi'ña' bladu sa'mpa' yeche' ruxidxenia'.
Dxi guca' naro'ba' ne nandxó':
guca' biza'na' gubidxa.

Quiénes somos y cuál es nuestro nombre

Para Víctor de la Cruz

Decir sí. ¿De qué se trata este sí?
Extiendo mi enagua y esparzo las flores
con que bordaron mi ropa hasta el cuello,
hasta la tumba de mi cuello.
Hay tardes en que digo sí
y nadie responde en todo el universo,
como en este momento en que espero
que la alegría engarce en sus brazos este dolor
y lo arroje en el centro de la chingada.

Desde que salí de la tierra de las flores
nunca más encontré un sol que me abrigara.
¿Quién soy, si ya no me envuelvo en enaguas y huipiles?
En esta casa nadie conoce mi idioma de niña.
¿Por qué dejamos que aspas ajenas barrieran nuestra historia
y por qué preferimos lo que otros escogieron?
Tengo calosfrío, veo pasar a la gente y un espejo de piedra
arroja su resplandor en mis ojos
y vuelve tepalcate la boca de plato hondo de mi sonrisa.
Cuando grande y fuerte fui
era la hermana del sol.

I WORE MY HUIPIL FRONDS INTO WINTER.
On the other side of the world
grains of snow burn their eyelids.
Even though the lights shine bright,
the sky shuts down.
No matter, here I am, a kangaroo.
I am my own family
and whatever hell I land in:
I am my only daughter.

YENIÁ' YAGA NAGA' XTI' CA XPIDAANE' RA CAYABA NANDA.
Deche gudxilayú daapa xubaguí ique lagaca'
neca reeche xtuxhu biaani' da'gu' lú guibá.
Gasti' naca, rarí' nuaa',
bedané mani' bizidanda xtinne' naa.
Laaca naa nga jñaa ne bixhoze'
rizayania' cá' lidxe'
ne ra tiisi gabiá guxhaatañee'
tobilucha xiiñe' naa.

AL INVIERNO LLEVÉ LA FRONDA DE MIS HUIPILES.
Del otro lado del mundo los párpados tienen nieve.
A pesar de las luces que resplandecen, el cielo está cerrado.
No importa, aquí estoy,
me trajo mi canguro. Soy mi propia familia
y en cualquier infierno en donde me pare:
soy mi única hija.

Olga

You are the woman who bathed me
on the rim of a basin full of stars and toads,
who shaped my hair in buns upon my neck,
who gave me soft-boiled egg with lime and salt.
Aromas of cinnamon and rice still cling to my metate nose.
You taught me to love hoops hanging from my ears
and skeins of silk, you healed my wounds
with spider webs.
Two things for sure, mamá:
the clouds and your jícara arms brought me to life.

Olga

Nacu' gunaa bigaze naa
guriá ti guiesampa' nisa dxa' beleguí ne bidxi' ndaani',
ni runi ti nduni guicha galaa ique',
ni bidii naa dxitayagui' nisaí' ne zidi.
Xiee' naca ti guiiche rapa xho' xuba' yachi ne bandadinaxhi.
Ni bisiidi' naa ganaxhiie' ca guiiba' randa diaga gunaa
ne ca lari lase' sicarú,
nacu' gunaa bisianda guirá ra biziaa naa ne xhaba bidxiguí.
Chupa si diidxa' jñaa':
za guibá' ne xigagueta nalu' guxana naa.

Olga

Eres la mujer que me bañó
a la orilla de una pileta llena de estrellas y sapos,
la que formaba en mi nuca cebollas con mis cabellos,
la que me daba huevo tibio con limón y sal.
Mi nariz de metate guarda los aromas del arroz y la canela.
La que me enseñó a amar los aretes y las gasas de seda,
eres la que curó mis heridas
con el tejido de las arañas.
Sin duda dos cosas, madre:
las nubes y tus brazos de jícara me engendraron.

House of Bees

My boat of relics
washed up on the woven floormat,
bees came to buzz at my house's mouth,
the door with two panels.
Trees cried sap that covered my hair,
my eyes were cactus drool,
and prickles grew inside my heart's cocoon
as her breath began its journey.
After the nine days, completely spent,
I traced a constellation in smoke
upon the flowers that covered abuela's remains.

Lidxi bizu

Balaaga' né guirá' gue'tu' yooxho' xtinne'
bibi'xhi' luguiá' xluuna',
ca bizu beeda guunaca' ruaa yoo,
chupa ndaga ruaa.
Ca yaga biinaca' tini xtica' ne bichiica' guichaíque',
napandá' guielua' dxa' roonde xti' biaagueta,
ca guichi birooba' ndaani' mudu ladxiduá'
ne xhiee' xquichica' bizulú guzá.
Lú ga' gubidxa, ma biree yati lade',
bizee' ti bigadxe ne gu'xhu' yaala
luguiá' ca guie' nuchii dxitaladi jñaabiida'.

La casa de las abejas

Mi barco de reliquias
naufragó sobre la estera,
las abejas vinieron a zumbar a la boca de la casa,
a la puerta de dos hojas.
La brea de los árboles lloró y cubrió mis cabellos,
tenía por ojos la baba del nopal,
las espinas crecieron en mi pecho
y su respiración comenzó su recorrido.
A los nueve días, desfallecida,
trace una constelación de humo
sobre las flores que cubrían los restos de mi abuela.

San Agustín Apoala

Houses, so many little houses stacked upon the hill.
What is Apoala doing in the eyes of my dream?
Children baptized with a pure air
that laughs like a waxing moon.
I dance in church with men from town,
they come in costume.
A piñata whirls in the sky,
the priest lifts his rod to break it,
chunks of sugar cane smack us on the head.
What is Apoala doing in my dreams?
Two-headed eagle,
fox flying over the belly of the earth.

San Agustín Apoala

Yoo, stale yoo zuba luguiá' dani.
¿Xi cayuni Apoala ndaani' guielú xpacaanda'?
Baduhuinni' guyuu ndaaya' ne bi nayá
ruxidxica' sica ti beeu nandahui.
Naa ruyaaniá' ne guira' ca nguiiu xti' guidxi di'
nacuca' lari mbio'xho'.
Ti guisu renda gui'chi' zuchaahui' caniibi xaiba'
bixhoze yu'du' rudxiiba' xquiee sica ti bichiqui ne runi dé ni,
nite ndase riaba galaa íquedu.
¿Xi cayuni Apoala ndaani' guielú xpacaanda'?
Bisiá chupa ique, biguidiribeela canapapa ndaani' guidxilayú.

San Agustín Apoala

Habitaciones, muchas habitaciones sobre la montaña.
¿Qué hace Apoala en mis sueños?
Niños bautizados con aire virgen
de sonrisa convexa.
Danzo en la iglesia con los hombres del pueblo,
están disfrazados.
Una piñata se mueve en el cielo,
el cura eleva su falo hasta quebrarla,
pedazos de caña nos golpean la cabeza.
¿Qué hace Apoala en mis sueños?
Águila bicéfala,
murciélago sobrevolando el vientre de la tierra.

HURL GRAINS OF PURPLE CORN
upon your petate
and know the masa from which they forged your body.
The corn is a face,
a shadow.
We are the ashen tracing that elucidates the earth.

BILAA LU XTAALU' XUBA' XIÑÁCAHUI
ti gunebiaya' cuba bizá'necabe lii.
Ti xuba' naca ti lú,
ti bandá'.
Nácanu ti xtuuba' dé rusuhuinni biaani' guidxilayú.

ARROJA GRANOS DE MAÍZ PÚRPURA
sobre tu petate
para conocer la masa en que forjaron tu cuerpo.
El maíz es un rostro,
una sombra.
Somos calca de ceniza que transparenta la tierra.

Milky Way

While children peddle alligator milk
a melody plays beneath the arbor,
a dogs' spine seems a resting place for the oldest folk,
a gourd bowl full of coins in exchange for a cigarette to put behind their ears.
The trunk holds an offering for the alligator king,
fishermen cast their fan of netting on the sea's surface,
just as Juchitecas stretch the loom of their hips.
Candlelight consumes our party,
when the wax starts to run,
flute and drums stop,
we count the money for next year's feast.

Niidxi guibá'

Ca ba'du' canagutoo niidxi xti' be'ñe'
laga caxidxi saa xa'na' yaga bandaga.
Deche ca bi'cu' rului'ca' ti bangu' ra ribí ca binnigola,
ti xiga dxa' nabiuxe ndaani' ti guicacabe ti gueza ni guzuchaahui' diagacabe.
Ti guiña rapa guna xti' beñedó'
ca binni guuze' rulaaca' xguixheca' lu nisadó',
casi ca gunaa Guidxiguie' ora ruchiaaca' xhaba dxita xa'na'ca'.
Gui'ri' rusirá saa xtinu,
ora guidubi guietetini
birungu saa ne gueere' ribezadxí
racá ru' rugabadu bidxichi gacané saa stubiza.

Leche de cielo

Mientras los niños venden la leche del lagarto
una melodía suena bajo la enramada,
la espalda de los perros parece el escaño de los más viejos,
una jícara llena de morralla a cambio de un cigarro para adornar sus orejas.
El baúl guarda la ofrenda del dios reptil,
los pescadores lanzan en la superficie del mar su abanico de cáñamo,
así como las juchitecas extienden el telar de sus caderas.
El cirio consume nuestra fiesta,
cuando la cera termina por derretirse,
el tambor y la flauta cesan,
contamos el dinero para la fiesta del próximo año.

Family

For Henrik Nordbrandt

Since they're shrimp,
some have buried their heads in the mud.
Me, I'd much rather go round and round the tree—
that one tree—with my basket.
Each leaf was a fish that talked to me
beneath the sun's scales.
The grackle's crow is the axe of the waning moon.
We all have family,
just as we all have styes in our eyes
that ache and make us cry.

Binni lidxe'

Ni guicaa Henrik Nordbrandt

Ruluí'ca' bendabuaa,
daabi iqueca' ndaani' beñe.
Ñualadxe' zaa canacaya' bie'que' ne dxumi xtine' xa'na' yaga:
tobilucha yagaque.
tobi tobi ca bandaga naca ti benda ruí' ne naa diidxa'
xa'na' jlaza gubidxa.
Riuunda' xti' bigose naca beeu huiini' xti' guiiba' yaga.
Guiranu napanu binni lidxinu
casi ca rapanu biriipi guielunu
rusituí ne rusiguuna' laanu.

La familia

A Henrik Nordbrandt

Siendo camarones,
algunos tienen la cabeza enterrada en el fango.
Preferiría mil veces, dar vueltas con mi canasto alrededor
del árbol: el único árbol,
cada hoja era un pez que me hablaba
bajo las escamas del sol.
El canto de los zanates es la luna menguante del hacha.
Todos tenemos familia,
como todos tenemos orzuelos en los ojos
que nos apenan y nos hacen llorar.

Eurydice's Sister

I planted a pochote tree in the middle of the road
and was happy when the leaves embraced me.
A serpent slithered out from within a passing cloud and bit me.
I slipped down a tree trunk and landed at Eurydice's chamber.
She felt sorry for me, saying:
"Whatever falls here will pluck the guilt from loneliness,
and Orpheus will come.
The days when the sun bathed your body will not return."

Benda Eurídice

Bizuhuaa' ti yaga bioongo' galaa neza
ne biecheniá' guirá' bandaga beeda tiidxi naa,
ndaani' ti za zidi'di' biree yande ti beenda' biquiichi' naa,
biaba' bietetié' neza yagañeeni
yendaya' ra nabeza Eurídice.
Biabe naa ne guní'be:
"Ni guiaba rarí' la? zaxuuba' donda ne guendariuu stubi
ne neca ñeeda Orfeo
ma qui zabigueta' ca dxi bigaze gubidxa la'du'".

La hermana de Eurídice

Planté un pochote en medio del camino
y me alegré por las hojas que me abrazaron,
dentro de una nube que pasaba saltó una culebra y me mordió,
caí por el tallo del árbol hasta llegar a la habitación de Eurídice.
Ella sintió lástima por mí y dijo:
"Lo que aquí cae desgranará la culpa de la soledad,
y así viniera Orfeo
ya no volverán los días en que el sol bañaba tu cuerpo".

The Zapotec

I search the distant clouds
for our ancestors' writing.
I love the otters' rivers,
the isthmus and its sinkholes,
the sea's lips and her saltiness,
her birth cords and their tombs of broken gourds
that drag beneath the earth.
We have roots in the clouds,
but they are faithful to the wind.

Ca binnizá

Ruyube' ndaani' za yooxho'
diidxa' xti' ca binnigula'sa'.
Nadxiee' guiigu' bi'cu'
nadxiee' nisa rutaaguna' xquidxe'
guidiruaa nisadó' bidiee ne zidiguie',
nadxiee' xquipi' ne ca xpa'
xiga laa riza xa'na' guidxilayú.
Napanu xcu ndaani' ca za,
xisi za xiiñi' bi laa.

Los zapotecas

Busco en las nubes remotas
la escritura de los antepasados.
Amo el río de las nutrias,
el istmo y su hundimiento,
los labios del mar y su saladura,
los ombligos y sus tumbas de jícara quebrada
que se arrastran bajo tierra.
Tenemos raíces en las nubes,
pero ellas son fieles al viento.

Stauros

Bird, sea, electricity,
watermelon weeping, eye of God.
The codex comes clear:
the church's fruit smells rotten.
Tree of life, hold onto your mystery,
nighttime owl, show me your cards,
dung beetle, excavate my belly
and roll me into a cinnabar sphere.
Brazier head, burn my tortillas,
lazy corn husk,
go back home.
Cantina Na Agrícola, I love your brawls:
bottles, smoke, dancing with breasts ablaze,
catfish on the table.
An underskirt whirls,
a jukebox and its sad entrails.
The muxes and their marigold cackle
passing through your doors,
women of joyful blood and mourning
cry mascara and mamey oil.
Tule tree:
stretch your vines across me
and make me once and for all time
go back to my home.

Ni gucuá yaga

Mani', nisadó', biaani', xandié ruuna', guielú diuxi.
Cahuinni biaani' gui'chi' xti' ca binnigula'sa',
cuananaxhi yu'du' candá' yuudxu'.
Yagañee guendanabani bicueeza xquendanaga'chilu'
dama' gueela' bilui' naa batanalu',
bidolaguí' gudaañe xa ndaane' ne bi'nini
ti xiga naxiñá' guie.
Ique dé ruzaacu' guirá xqueta',
bacuela rizá renda
bigueta' ra li'dxu'.
Lidxi nisadxu'ni' xti' na Agrícola,
racaladxe' guirá guendaridinde xtiu': ca xiga bichiiña', gu'xhu',
ca xidxi ruyaa dxa' tipa, guluuxu lu mexa'.
Ti bizuudi' rudii rieenque,
bichuga saa da' xilase ndaani'.
Ca muxe' laya guie' biguá ruxhidxisa gudi'di' laaga' ruaa li'dxu'
ca gunaa rini nayeche' ni nanda nisalúca',
za xti' guendaxunu ne yuuba' xti'.
Yaga Tule: bilaa guixhe xtiu' luguia'ya'
ne bidxigueta' naa ra yoo lidxe'.

Staurus

Pájaro, mar, electricidad,
sandía llorona, ojo de Dios.
El códice se revela:
la fruta de la iglesia está podrida.
Árbol de la vida detén tu misterio,
búho de la noche muéstrame tus cartas,
escarabajo de tierra cava mi vientre
y forma con ella una esfera cinabrio.
Cabeza de anafre quemas mis tortillas,
hoja de maíz vaga
regresa a tu casa.
Cantina de Na Agrícola quiero tus peleas:
las botellas, el humo, el baile con los pezones inflamados,
bagre sobre la mesa.
Una enagua gira,
la rocola y su vientre triste.
Los muxes y su carcajada de cempásuchil
que pasaron por tus puertas,
mujeres de sangre alegre y lloronas,
el rímel y su lamento de aceite de mamey.
Árbol de Tule:
lléname de raíces
y hazme de una vez por todas
volver a mi casa.

Carapace Dancer

A possum scurries across my house's heaven,
his hands smell of sandals.
They say he's a nighttime warrior
who touches a woman's sex then smells his hand.
In my dream someone tosses silver coins
into a gleaming bucket just to my right,
brring!, the music of childhood.
You dream of shit and your ancestors say, "That's
good luck. Clench your hand tight in your pocket–
music from the wrong side."
I was born on this watershed:
the Zapotec word and its melody,
I always used both hemispheres to love.
I miss you–you only seek the disappearing forest,
the blink of an eye that opens to yank out a scrap of something
and snaps shut,
like a hard shell that encapsulates what you feel:
a hot coin on your back
laughing on your haunches,
a culture of jibing.
A free animal, well not exactly, animals also follow ancient
pathways, repeating without knowing why.
The moon and her milky likeness,
her rabbit gazing down at wretchedness,
over there where your vision seems to meld with the distance.
A spiny monkey,
how to pull out a pitahaya's thorns?
The more you try to pluck out spines, the more prickles you find.
Was I happy once? Yes,
when it rained and a dark hand fed me soup
from beans that grow near the town of golden gourds,

when someone with a mirror name stayed by my side,
when I was flying a kite that lifted from my sight.
It's true, what goes up comes down right in your face.
When I escaped the furious hand of my uncle, the shoemaker,
when the only sound as I woke was the squeal of a pig
the one I'd seen hogtied to death's raucous pass.
Waiting in line to be sacrificed?
Light as air on paper,
but a tire runs over your shoes.
I can say spells:
I know how to get rid of sadness,
obsession. I can root out fear:
if I bury myself on the banks of a river,
if someone brushes his testicles over my head,
if I sit facing the sea,
if they locate my missing pulse: lylyly, pé, pépé ,
if they spit anisette into my face,
if they wipe sand from my eyes with the wind,
if they cover me with toads,
if I lay my belly upon the earth as it trembles.
If I interpret my dreams
as the old woman who sang to me as a girl foretold:
give your sadness a name,
to know the face you long for.
To speak of melancholy
you must hold the past and its stories in the palm of your hand.
Among other things you need a hammock
to while away time like a pendulum.
What is time?
A moribund mother,
a father disgraced,
being orphans turned us to stone,
a prayer on the mountain,
making love to someone who doesn't leave you plucked.

I saw your sad feline eyes
relishing a wish they never realized.
I only tried to flee,
I only tried to flee
because my exodus began at eight years old.
The place where I lived was not a wasteland–
there was community, fireworks and their aftershocks.
We had the freedom of simply believing in others.
I was at odds with my tradition.
I didn't want him to deflower me with a drunken hand.
I did not want to reveal anything:
I was never a virgin flower,
I was inhabited by ghosts that attacked my rough cot,
and I didn't want my blood to be pure.
I know the conquest and its promises,
I have fought with chocolate and mole.
I raised the torch growing in my womb
to burn loose the threads that had sewn my eyelids shut.
I set my body ablaze to believe in justice
and stumbled upon ignorance.
When I tried to cling to novelty it turned to glitter
and my back revealed a carapace dancer,
departing so I can always come back.
What happens if someone is left with her ignorance?
Isn't it better to take stock?
Now, no port, no raft, no dwelling place,
I take refuge in silence:
a kind of coma.
What sort of happiness have I found?
I am a fly,
a spot on a leaf on an almond tree,
about to flee, to have a baby.
I buzz in memory's ear
and I tattooed that memory.

A chink that won't let in the light.
Levity can't walk through.
What is being Indigenous?
The candor of firewood,
a wager, a long-bearded sail
with all the grandeur of a view of the world.
A precipice,
no longer anywhere,
a leather sandal grasps your foot like a spider,
a clump of evaporated salt,
a body forever incomplete.
What is the history of the world?
An eye that cries when abandoned,
the flowers know it, the peoples know it.
The day they told us other, supposedly happier stories—
on that day we gave up our autonomy
submitted to ceaseless repetition.
Now we understand,
but we learned too late.

Deche bitoope

Ti ga'na' rididi laaga' guibá' xtí' lidxe',
náme rindá' guelaguidi
xho'me rusihuinni tu laame, ti nadxibalú rizá gueela'
riga'na' ne runiipi xcuaana' gunaa.
Lu xpacaanda', tuuxa cue' diaga' neza ndíga'
rulaa domi' yati ndaani' ti riga su guiiba',
¡ja!, xtidxi guendaba'du'.
Zaní' xcaandalu' guí' ne ca binnigula'sa' zabica' lii "bidxichi ni
gupa batanalu'gupani ndaani' suudilu' neza biga'".
Guleniá' chupa neza:
diidxa' ne riuunda' xtí' didxazá,
lu xquendaranaxhiee' dunabé biquiiñe' guiropa chu diaga'.
Ribana' lii, ne lii ricálu' siou' ti gui'xhi' dó'
ni zé' zedi'di' xtidxi ti guielú ni riele' ora ganda gaxha
ti ndaa xtí' xiixa ne ra guiaba gá ridaagu',
sica ti bichuga ruchuugu' ni rudu laa: ti domi' nandá' nexhe' deche ti miati',
ti xquenda ruxidxi tuuxa zuba zuxele' ñee,
ti xpia' ni rusuxidxi;
ti mani' nalate,
cadi stale pe', mani' laaca rizá nanda duuba' yooxho',
ni riropa ni xa tu ganna xiñee, beeu ne xpandá' niidxi,
ne lexu cayuuya' guendazi' raca,
ra ruluí' guendaruuya' raca tobisi lu ti xilate.
Ti daabi guiichi ladi yahui,
ximodo gaxhacabe laame guiichi pa biabame lu bidxí
garonda ti' gacala'dxime cueemecani, ridalecani.
¿Ñee guyuu ti dxi guca' nayeche' la?
Ya, lu xhi nisaguié, dxi ti ná' cahui ruzuhuaa lua' ti bladu' sa'mpa' da' nisa
bizaa ndaani'ni rindani ruaa xquidxi xiga bidxichi yaachi,
dxi tuxa lá guiehuana' riaana cuee',
dxi rindisa' biguidi' gui'chi' ne ripapa',
huandí'ni, ni riasa riaba ique xiilu'.

Dxi riree' cue'ya' lu na' duxhu' xtiuaya' ni ruzá' guelaguidi,
dxi riraya' gueela' ne ni napa sia' nga xtidxi ti bihui ni biiya' cadi xadxí
liibi ñee cabeza guendaguti,
¿guica hualu' lu doo ne cuezu' gusuí'cabe lii huani?
Guendanasisi guicaa gui'chi', huaxa ti huitubi ridi'di' ne rucaa xtuuba' lii.
Runebia'ya' diidxa' xcaani',
nanna' gusianda' xilase,
gucaa nate' xizaa, nanna' tindeniá' dxiibi:
pa igaache' cue' guiigu'
pa tuuxa gutiidi' ca xhita lucua'ya'
pa cué' nezalú nisadó'
pa guidxelacabe ra capapa rini naa: lylyly, pé, pépé
pa gugahuicabe nisadxu'ni' xuba' luá',
pa ne bi gunduubacabe yuxi ndaani' guielua',
pa cua'quicabe bidxi' guidubi lade',
pa quixhe' ndaane' lu guidxilayú laga cayaca xu.
Pa cuee' xpacaanda' casi gudxi
ti gunaa gola naa, ni biinda' ne naa dxi guca' ba'du':
gudixhe ti lá ni cusiguundu' lii,
ti gunnibiou' lú ni cabánalu',
ti ganda guiete xtiidxa' xilase
naquiiñe' gapu' ndaani' batanou' diidxa' guca' ne diidxa' naquite,
ne laaca naquiiñe' ti guixhe
sica ti guiiba' za'bi' guinitilu' lu bia' dxi
¿Xii nga xhi layú?
Ti jñaa cayati,
ti bixhoze nani'di',
ti guendastubi ni bi'ni' laadu guie
ti ndaaya' ique dani,
gataneu' ne tuuxa ni qui ganna xhu'ba' lii.
Naa biiya' lu ri mixtu' yatilu
cacaa nixe xiixa ni qué nucuí,
gucala'dxe' sia' nuxooñe',
gucala'dxe' sia' nuxooñe',

napa' xhono iza dxi naa bizulua' guxhañee' layú xtinne',
ra naa guleza' qué ñaca nadachi,
guyuu guendalisaa, guereguí ne xquendarache,
guyuu nalate, ¿xi ni? pa cadi guendarusisaca diidxa'.
Naa gudindeniá' xquenda' ne xpia'ya'
runi qué ñacaladxe' nicheza ti bicuini naa
nazé nisadxu'ni',
qué ñacaladxe' nulué' gasti':
qué ñuu di' dxi ñaca' binnidxaapa' guie',
nabé binú ca xiiñi' gueela' naa, ruaa luuna' xtinne' ridxiñaca',
zaqueca qué ñacaladxe' ñaca rini xtinne' nayá guie'.
Runebia'ya' cani guláxoo xquidxe' ne ca diidxa' guní'ca'
gudindeniá' dxuladi ne guiñadó',
ti guchiaya' doo gudiibanecabe ca lága'
gupa xi gundisa' ti yaga gui'ri' candani ndaane',
bicaaguie' xhaba lade' bidxe' ri, ti ganna' nuu ni huandí'
ne bidxagalua' ni nazela'
gucaladxe' niguiidxe' guendanacubi ne biluí' naa xquiiba' yaa
ne deche' bidxii naa lu ti bitoope.
Chaa', ti guibigueta' dxi gueela'
¿xi raca pa tuuxa guiaana né xquendazela'?
¿cadi neza nga guibanineu' ni rudu lii ne maca runibiou' la?
Yanna, ni xa ti ruaa nisa, ni xa ti balaaga', ni xa ti yoo,
rucachelua' lu ná' dxi dó':
sica tobi nexhe' yati.
¿Xi ruluí' xquendanayeche'?
Naca' ti bia'lazi,
ti biuyaa lu ti bandaga xti' yaga biziaa xtiá
ni ma yaca ché', ni ma nuu xhana,
naca' ti ridxi ruaa diaga guendarietenala'dxi'
naa laaca bizee' guendarietenala'dxi'.
ti ra gucuá bi neza ra que zanda guiuu ni nasisi
neza ra qué zazá ni nacanda.
¿Tu nga laadu ca binnihuala'dxi'?

Pa cadi ti xcahui nayaga
ti ngui', ti lari napa luxu, ni ruuya' nandxó' guidxilayú.
Ni bixiá
qué ziuu ru' dxi ti xilate,
ti guelaguidi ti nisa sica ti bidxiguí naaze xiixa ñee,
ti bidola zidi gurí ndani.
¿Xi nga xtiidxa' guidxilayú?
Ti guiélu cayuuna' biaana stubi
nanna guie' nanna guidxi.
Dxi biuí'nécabe laadu gadxá diidxa' ni nácabe jma sicarú
dxiqué bisaana ta'du stipadu
ne biabadu lu ti bieque ni qué gapa xi dxi guiluxe,
yanna ma nannaduni
huaxa ma gunaaze' huadxí laadu.

El dorso del cangrejo

Un tlacoache atraviesa el cielo de mi casa,
sus manos con olor a sandalias
hablan de un gladiador nocturno
que toca el sexo de las mujeres y lo huele.
En mi sueño alguien de lado derecho
arroja monedas de plata en una cubeta prístina,
¡ah!, el sonido de la niñez.
Soñarás con mierda y tus antepasados te dirán "es la fortuna,
guarda esa mano en la bolsa de tu enagua izquierda,
la música de lado equivocado".
Nací con dos vertientes:
la palabra y la melodía del zapoteco,
para amar usé siempre mis dos hemisferios.
Te extraño, y tú sólo conoces el bosque de lo efímero,
el clic de un ojo que se abre para arrancar un trozo de algo
y se cierra de inmediato,
como un caparazón que clausura lo que siente:
una moneda caliente en la espalda,
una risa a horcajadas,
una cultura de la burla;
un animal libre, no tanto, también los animales obedecen a designios
ancestrales, la repetición sin saber por qué,
la luna con su dibujo de leche,
con su conejo mirando las desgracias,
ahí donde la mirada en la distancia parece unirse.
Un mono espinado,
cómo quitarse las espinas si se cae sobre una pitahaya,
mientras se quieran quitar las púas más astillas se tienen.
¿Alguna vez fui feliz? Sí,
cuando llovía y una mano oscura me servía

una sopa de frijol que crece a la orilla del pueblo de las jícaras de oro,
cuando alguien con el nombre de espejo se quedaba a mi lado,
cuando izaba un papalote y lo perdía de vista;
es cierto, lo que se eleva en tus narices, cae.
Cuando libraba el cinturón de mi tío zapatero,
cuando amanecía y lo único que tenía era el grito de un cochino
que antes había visto atado de las patas en el desfiladero jocoso de la
    muerte,
¿hacer cola para que te sacrifiquen?
Liviandad para el papel,
pero una llanta pasa y te marca los zapatos.
Conozco de conjuros:
sé cómo quitar la tristeza,
la obsesión, sé quitar el miedo:
si me entierro a la orilla de un río,
si alguien pasa sus testículos sobre mi cabeza,
si me siento frente al mar,
si localizan mi pulso perdido: lylyly, pé, pépé,
si me escupen anisado en la cara,
si con el viento me retiran la arena de los ojos,
si me llenan de sapos,
si pongo mi vientre sobre la tierra mientras tiembla.
Si interpreto mis sueños
como lo predijo la vieja que me cantaba de niña:
ponle nombre a tu tristeza,
para conocer el rostro de lo que añoras,
para hablar de melancolía
se necesita tener en la palma de la mano la historia y sus cuentos,
se necesita entre otras cosas una hamaca
y perder las horas como péndulo.
¿Qué es el tiempo?
Una madre moribunda,
un padre desdichado,
la orfandad que nos hizo piedra,

un rezo en la montaña,
hacer el amor con quien no te desgrana.
Yo vi tus ojos tristes de gato
paladeando una posibilidad que no construyeron,
sólo quise huir,
sólo quise huir,
porque mi éxodo comenzó a los ocho años,
donde yo vivía no era yermo,
había comunidad, cohetes y su estremecimiento,
había libertad que no es más que creer en los otros.
Yo estuve peleada con mi tradición,
no quise que me desvirgara una mano llena de alcohol,
no quise demostrar nada:
nunca fui una flor virgen,
fui habitada por fantasmas que asaltaban mi catre de yute,
tampoco quise que mi sangre fuera pura.
Conozco de la conquista y sus promesas,
me peleé con el chocolate y el mole,
para despegar las costuras con que me cosieron los párpados
tuve que alzar una antorcha que nacía de mi vientre,
incineré mi cuerpo para creer en la justicia
y me topé con la ignorancia,
la novedad que quise abrazar me mostró su oropel
y mi espalda me devolvió el dorso del cangrejo.
Irme para volver siempre,
¿qué pasa si uno se queda con su ignorancia?,
¿no es mejor un propio inventario?
Ahora, sin puerto, sin balsa, sin morada,
me refugio en el silencio:
un estado de coma.
¿A qué se parece mi felicidad?
Soy una mosca,
un punto sobre una hoja de un almendro
a punto de partir, a punto de parir.

Soy un zumbido en la oreja de la memoria,
yo también tatué a la memoria.
Un resquicio por donde no entrará la levedad,
por donde no caminará la inocencia.
¿Qué es ser indígena?
Una ingenuidad de leña,
una apuesta, un velamen de barbas crecidas
con la grandeza de una mirada del mundo.
Despeñadero,
nunca más un sitio,
un huarache de cuero en forma de araña sujeta los pies,
una bolita de sal acumulada,
un cuerpo para siempre incompleto.
¿Qué es la historia del mundo?
Un ojo que llora su desamparo,
lo saben las flores, lo saben los pueblos.
El día que nos contaron otras historias aparentemente más felices,
ese día abandonamos nuestra suficiencia
para entregarnos a una repetición sin fin,
ahora lo sabemos,
sólo que ya nos agarró la tarde.

Acknowledgments

We thank these venues that first published some of the poems from *Carapace Dancer / Deche bitoope / El dorso del cangrejo* in English:

Latin American Literature Today, 1.4. 2017.
"Ba'tobi" / "Tumba primera" / "First Resting Place"
"Laníbidó" / "Cumpleaños" / "Birthday"
https://latinamericanliteraturetoday.org/2017/10/two-poems-natalia-toledo.

North American Review, Fall 2019. pp. 37-38.
"Lidxi be'ñe." / "Lagartera." / "Alligator Home."
 "Guie'sti' ca badudxaapa' huiini' 1." / "La flor de las niñas 1." / "Young Girls' Flower 1."

Asymptote, Apr. 2020.
"Berelele xhialu' nanna" / "Alcaraván, tus alas saben" / "Your wings know"
"Riuunda' ndaaya'/ "Oración / "Prayer"
"Lidxi yu'du' Valle de Bravo 1" / "Convento de Valle de Bravo I" / "Valle de Bravo Convent I"
"Olga"
"Lidxi bizu" / "La casa de las abejas" / "House of Bees"
"Bilaa lu xtaalu' xuba'" / "Arroja granos de maíz" / "Hurl Grains of Purple Corn"
https://www.asymptotejournal.com/poetry/natalia-toledo-deche-bitoope.

Poetry Daily, May 20, 2020.
"Prayer"
https://poems.com/poem/prayer.

Plume, Apr. 2021.
"Dxiibi" / "Pánico" / "Panic"
"Nisaguie" / "Lluvia de piedras" / "Stone Shower"
https://plumepoetry.com/two-poems-by-natalia-toledo-in-trilingual-translation-zapotec-to-spanish-to-english.

Modern Poetry in Translation, Summer 2021, pp. 52–54.
"Visitor"
"Family"
"The Zapotec"

Daughters of Latin America: An International Anthology of Poems By Latine Women, edited by Sandra Guzmán, Amistad/HarperCollins Publishers, 2023.
"Xneza ni ruuya'do'" / "Camino del vidente" / "A Seer's Path"
"Zabe lii xiixa lá?" / "Te digo una cosa" / "I tell you one thing"
"Yeniá' yaga naga' xti' ca xpidaane' ra cayaba nanda" / "Al invierno llevé las frondas de mis huipiles" / "I wore my huipil fronds into winter"

Biographical Information

Natalia Toledo was born in Juchitán, Oaxaca. Her bilingual poetry (Didxazá/Spanish) has been included in numerous journals and anthologies and translated into languages as varied as Nahuatl, Italian, and Punjabi. In 2004 she won the National Nezahualcóyotl Prize for Indigenous Literature for her book *Guie' yaase' / Olivo negro*. She co-founded the Xneza guchachi (Iguana's Path) workshop to promote writing and literature in her native language. She has received support from the National Fund for Culture and the Arts (FONCA) and the Oaxaca State Fund for Culture and the Arts (FOESCA). She served as Mexico's Under Secretary of Cultural Diversity and Literacy from 2018–2020. In 2022 she received a Literary Arts Fellowship from the Borchard Foundation.

Clare Sullivan, professor of Spanish at the University of Louisville, teaches language, poetry, and translation. She and her students work regularly on translation projects for the Louisville community. Recently she guest-edited a special issue of *Translation Review*: "Translation as Community" Vol 1: Issue 1 (2023). Her collaborative translations of Natalia Toledo and Enriqueta Lunez have appeared from Phoneme Media and Ugly Duckling Presse.

Printed in the USA
CPSIA information can be obtained
at www.ICGtesting.com
JSHW020006111224
75083JS00001BA/1